大方廣佛華嚴經 寫經

37

🪷 일러두기

1. 『사경본 한글역 대방광불화엄경』은 『독송본 한문·한글역 대방광불화엄경』에 수록된 한글역을 사경하는 데 편의를 도모하기 위해 편집을 달리하여 간행한 것이다.

2. 『독송본 한문·한글역 대방광불화엄경』은 실차난타가 한역(695~699)한 80권 『대방광불화엄경』의 한문 원문과 한글역을 함께 수록한 것이다. 한문 저본은 고종 2년(1865) 월정사에서 인경한 고려대장경 『대방광불화엄경』이다.

3. 한글 번역은 동국역경원에서 발간한 한글 『대방광불화엄경』(운허)을 중심으로 하고 『신화엄경합론』(탄허)과 『대방광불화엄경 강설』(여천무비) 그리고 최근의 여타 번역본 등을 참조하였다.

4. 한글 번역은 독송과 사경을 위하여 정확성과 아울러 가독성을 고려하였다. 극존칭은 부처님과 불경계에 대해서만 사용하였다.

5. 사경본의 차례는 일러두기 → 한글역 본문 → 화엄경 목차 → 간행사이며 80권 『대방광불화엄경』의 권별 목차 순으로 독송본과 함께 간행한다. (법공양판에는 간행사 다음에 간행불사 동참자를 밝혀두었다.)

사경본 한글역

대방광불화엄경 제37권

26. 십지품 [4]

수미해주

대방광불화엄경 제37권 변상도

대방광불화엄경
제37권

26. 십지품 [4]

　　　　　　　은(는) 『대방광불화엄경』을
사경하는 인연공덕으로
『화엄경』이 널리 유통되고
우리 모두 다함께 보리 이루기를 발원하옵니다.

대방광불화엄경
제37권

26. 십지품 [4]

보살이 이미

모든 수승한 행을 듣고는

그 마음 환희하여

미묘한 꽃을 비내리며

청정한 광명 놓고

보배구슬을 흩어

여래께 공양올리고
훌륭한 설법을 칭찬하였다.

백천의 하늘 대중들이
모두 기뻐하며
함께 공중에서
온갖 보배를 흩고
꽃다발과 영락과 깃대와
깃발과 보배 일산과
바르는 향으로
다 부처님께 공양올렸다.

자재천왕과

권속들이

마음에 환희를 내어

공중에 머물러

보배를 흘어 구름 이루어서

가져 공양하고

찬탄해 말하였다.

"불자여, 빨리 설하소서."

한량없는 천녀들이

공중에 머물러

함께 음악과 가사로

부처님을 찬탄하니
음성 중에 모두
이와 같이 말하였다.
"부처님의 말씀은
번뇌의 병을 능히 없애시도다.

법성은 본래 고요하여
모든 모양이 없으니
마치 허공이
분별하지 않는 것과 같음이라
모든 취착을 초월하고
말의 길이 끊어져

진실하고 평등하여
항상 청정하도다.

만약 모든 법성을
능히 통달하면
있음과 없음에
마음이 흔들리지 않고
세상을 구원하려
부지런히 수행하니
부처님의 입에서 태어난
참불자로다.

온갖 모양 취하지 않고서

보시를 행하며

모든 악을 본래 끊어

계를 굳게 지니며

법에 해로움 없음을 알아

항상 참고 견디며

법이 성품 여윔을 알아

갖추어 정진하도다.

이미 번뇌를 다하여

모든 선정에 들며

성품이 공함을 잘 통달하여

법을 분별하며
지혜의 힘을 구족하여
능히 널리 구제하니
온갖 악을 없애어
큰보살이라 불리도다."

이와 같은 묘한 음성
천만 가지로
찬탄하고 묵묵히
부처님을 우러러보니
해탈월이 금강장에게
말씀하였다.

"어떤 행상으로
다음 지위에 들어갑니까?"

그때에 금강장 보살이 해탈월 보살
에게 말씀하였다.
"불자여, 보살마하살이 이미 제5
지를 구족하고 제6 현전지에 들어가
려 한다면 마땅히 열 가지 평등한 법
을 관찰해야 한다.
무엇이 열인가?
이른바 일체법이 모양이 없으므로

평등하며, 체가 없으므로 평등하며, 생겨남이 없으므로 평등하며, 이루어짐이 없으므로 평등하다.

본래 청정하므로 평등하며, 희론이 없으므로 평등하며, 취하고 버림이 없으므로 평등하며, 적정하므로 평등하다.

환 같고 꿈 같고 그림자 같고 메아리 같고 물속의 달 같고 거울 속의 영상 같고 불꽃 같고 화현 같으므로 평등하며, 있음과 없음이 둘이 아니므로 평등하다.

보살이 이와 같이 일체 법의 자성이 청정함을 관찰하고 수순하여 어김이 없어서 제6 현전지에 들어가되, 밝고 예리한 수순인은 얻으나 아직 무생법인은 얻지 못한다.

불자여, 이 보살마하살이 이와 같이 관찰하고는 다시 대비로 으뜸을 삼으며 대비가 더 늘어나며 대비가 만족하여 세간의 생멸을 관찰하고, 이 생각을 하기를 '세간에 태어남이 모두 나에 집착함을 말미암음이니,

만일 이 집착을 여의면 곧 태어나는 일이 없으리라.'라고 한다.

다시 이 생각을 한다.

'범부가 지혜가 없어서 나에 집착하여 항상 있음과 없음을 구하며, 바르게 생각하지 못하여 허망한 행을 일으키고 삿된 도를 행하여 죄 짓는 행과 복 받는 행과 움직이지 않는 행을 쌓고 모아 증장하며, 모든 행에 마음의 종자를 심어 번뇌도 있고 취착[取]도 있으며, 다시 뒤의 존재의 태어남[生]과 늙음과 죽음[老死]을 일으킨다.

이른바 업은 밭이 되고 식은 종자
가 되며 무명이 어둡게 덮어주고 갈
애[愛]의 물이 적셔주고 아만이 물을
대주며 견해의 그물이 증장하여 이
름과 물질[名色]의 싹을 낸다. 이름과
물질이 증장하여 다섯 기관[根]을 내
며, 모든 기관이 상대하여 접촉[觸]을
내며, 접촉하여 대함이 느낌[受]을 낸
다.

느낌 후에 희구하여 갈애를 내며,
갈애가 증장하여 취착을 내며, 취착

이 증장하여 존재[有]를 내며, 존재가 생겨나고는 모든 갈래 중에 오온의 몸을 일으킴을 이름하여 태어남이라 하며, 태어나서는 쇠하여 변함을 늙음이라 하고 마침내 끝남을 죽음이라 한다.

늙고 죽는 때에 모든 뜨거운 고뇌를 내고 뜨거운 고뇌를 인한 까닭으로 근심과 걱정과 슬픔과 탄식의 온갖 고통이 모두 모인다.

이것은 인연인 까닭으로 모이니 모으는 자가 없으며, 저절로 멸하니 또한

멸하는 자도 없다. 보살이 이와 같이 연기의 모양을 수순하여 관찰한다.'

불자여, 이 보살마하살이 다시 이 생각을 한다.

'제일의제를 알지 못하므로 이름하여 무명이라 하고, 지은 바 업의 과보가 행이다.

행이 의지하는 첫 마음이 식이고, 식과 함께 생겨나는 네 가지 온이 이름과 물질이 된다.

이름과 물질이 증장하여 여섯 기

관[六處]이 되고, 기관[根]과 대상[境]과 식의 셋이 화합함이 접촉이고, 접촉과 함께 생겨나 느낌이 있다.

느낌에 물들어 집착함이 갈애이고, 갈애가 증장함이 취착이고, 취착으로 일어난 바인 번뇌의 업을 존재라 한다. 업으로부터 온을 일으킴을 태어남이라 하고, 온이 성숙함을 늙음이라 하고 온이 무너짐을 죽음이라 한다.

죽을 때 이별함에 어리석어 탐하고 그리워하여 가슴이 답답한 것을 격

정이라 하고, 눈물 콧물 흘리며 애석
해 함을 탄식이라 한다. 오근에 있어
서는 괴로움이라 하고, 뜻에 있어서
는 근심이라 하고, 근심과 괴로움이
점점 많아짐을 고뇌라 한다. 이와 같
이 다만 괴로움의 나무가 자라지만,
나도 없고 나의 것도 없으며 지음도
없고 받는 자도 없다.'

다시 이 생각을 하기를 '만약 짓는
자가 있으면 짓는 일이 있고, 만약
짓는 자가 없으면 또한 짓는 일도 없
으니, 제일의에서는 모두 얻을 수 없

다.'

불자여, 이 보살마하살이 다시 이 생각을 한다.

'삼계에 있는 것이 오직 한 마음뿐이다. 여래께서 이것을 분별하여 연설하시되 열두 항목[十二有支]이 모두 한 마음을 의지하여 이와 같이 성립된다고 하신다.

무슨 까닭인가? 일을 따르는 탐욕이 마음과 함께 생겨나니, 마음은 식이고 일은 행이다.

행에 미혹함이 무명이고, 무명과 마음이 함께 생겨나는 것이 이름과 물질이다.

이름과 물질이 증장한 것이 여섯 기관이고, 여섯 기관의 세 부분이 합한 것을 접촉이라 하고, 접촉과 함께 생겨나는 것이 느낌이다.

느낌에 만족해 싫어함이 없는 것이 갈애이고, 갈애가 거두어 버리지 않음이 취착이고, 저 모든 항목이 생겨남이 존재이다.

존재가 일어나는 것을 이름하여 태

어남이라 하고, 태어나 성숙하는 것을 늙음이라 하고 늙어 무너지는 것을 죽음이라 한다.'

불자여, 이 가운데 무명이 두 가지 업이 있으니, 하나는 중생으로 하여금 반연하는 바에 미혹하게 하는 것이고 둘은 행이 생겨나게 하는 원인이 되는 것이다.

행도 또한 두 가지 업이 있으니, 하나는 미래의 과보를 능히 내는 것이고 둘은 식이 생겨나게 하는 원인이 되는 것이다.

식도 또한 두 가지 업이 있으니, 하나는 모든 존재가 상속하게 하는 것이고 둘은 이름과 물질이 생겨나게 하는 원인이 되는 것이다.

이름과 물질도 또한 두 가지 업이 있으니, 하나는 서로 도와 이루는 것이고 둘은 여섯 기관이 생겨나게 하는 원인이 되는 것이다.

여섯 기관도 또한 두 가지 업이 있으니, 하나는 각각 자기 경계에 취착하는 것이고 둘은 접촉이 생겨나게 하는 원인이 되는 것이다.

접촉도 또한 두 가지 업이 있으니, 하나는 반연하는 바를 능히 접촉하는 것이고 둘은 느낌이 생겨나게 하는 원인이 되는 것이다.

느낌도 또한 두 가지 업이 있으니, 하나는 갈애와 증오 등의 일을 능히 받아들이는 것이고 둘은 갈애가 생겨나게 하는 원인이 되는 것이다.

갈애도 또한 두 가지 업이 있으니, 하나는 사랑할 만한 일에 물들어 집착하는 것이고 둘은 취착이 생겨나게 하는 원인이 되는 것이다.

취착도 또한 두 가지 업이 있으니, 하나는 모든 번뇌가 상속하게 하는 것이고 둘은 존재가 생겨나게 하는 원인이 되는 것이다.

존재도 또한 두 가지 업이 있으니, 하나는 나머지 갈래 중에 태어나게 하는 것이고 둘은 태어남이 생겨나게 하는 원인이 되는 것이다.

태어남도 또한 두 가지 업이 있으니, 하나는 모든 온을 일으키는 것이고 둘은 늙음이 생겨나게 하는 원인이 되는 것이다.

늙음도 또한 두 가지 업이 있으니, 하나는 모든 기관으로 하여금 변하여 달라지게 하는 것이고 둘은 죽음이 생겨나게 하는 원인이 되는 것이다. 죽음도 또한 두 가지 업이 있으니, 하나는 모든 행을 무너뜨리는 것이고 둘은 깨달아 알지 못하기 때문에 상속하여 끊어지지 않는 것이다.

불자여, 이 가운데 무명이 행을 반연하고 내지 태어남이 늙음과 죽음을 반연하는 것은, 무명 내지 태어남이 조건이 됨을 말미암아 행 내지 늙음과 죽음이 끊어지지 않고 도와 이루어지게 하는 까닭이다.

무명이 멸하면 행이 멸하고 내지 태어남이 멸하면 늙음과 죽음이 멸하는 것은, 무명 내지 태어남이 조건이 되지 않음을 말미암아 모든 행 내지 늙음과 죽음이 끊어져 멸하여 도와 이루어지지 않게 하는 까닭이다.

불자여, 이 가운데 무명과 갈애와

취착이 끊어지지 않음은 번뇌의 길
이고, 행과 존재가 끊어지지 않음은
업의 길이고, 나머지 부분이 끊어지
지 않음은 고통의 길이다.

앞과 뒤의 때의 분별이 멸하면 세
길이 끊어지니, 이처럼 세 길이 '나'
와 '나의 것'을 여의어 다만 생멸만
있는 것이 묶어서 세운 갈대와 같다.

다시 또 무명이 행을 반연하는 것
은 과거를 관하는 것이고, 식 내지
느낌은 현재를 관하는 것이고, 갈애

내지 존재는 미래를 관하는 것이니, 이 이후에 차례로 상속한다. 무명이 멸하면 행이 멸하는 것은 상대가 끊어짐을 관하는 것이다.

다시 또 열두 항목을 이름하여 세 고통이라 한다. 이 가운데 무명과 행 내지 여섯 기관은 행고이고, 접촉과 느낌은 고고이고, 나머지는 괴고이다. 무명이 멸하면 행이 멸하는 것은 세 고통이 끊어지는 것이다.

다시 또 무명이 행을 반연하는 것은 무명의 인연이 모든 행을 능히 생겨나게 하는 것이다. 무명이 멸하면 행이 멸하는 것은 무명이 없으므로 모든 행 또한 없는 것이다. 나머지도 또한 이와 같다.

또 무명이 행을 반연하는 것은 속박을 생겨나게 하는 것이다. 무명이 멸하면 행이 멸하는 것은 속박을 멸하는 것이다. 나머지도 또한 이와 같다.

또 무명이 행을 반연하는 것은 있는 바가 없음에 수순하는 관찰이다. 무명이 멸하면 행이 멸하는 것은 다하여 멸함에 수순하는 관찰이다. 나머지도 또한 이와 같다.

불자여, 보살마하살이 이와 같이 열 가지 거스름과 수순함으로 모든 연기를 관찰한다.

이른바 항목이 서로 이어지는 까닭이며, 한 마음에 포섭되는 까닭이며,

자신의 업이 차별되는 까닭이며, 서로 버리고 여의지 않는 까닭이며, 세 길이 끊어지지 않는 까닭이다.

과거와 현재와 미래를 관찰하는 까닭이며, 세 고통의 무더기가 모이는 까닭이며, 인연으로 생멸하는 까닭이며, 속박을 생겨나게 하고 멸하는 까닭이며, 없음과 다함을 관찰하는 까닭이다.

불자여, 보살마하살이 이와 같이 열 가지 모양으로 모든 연기를 관찰하여 '나'가 없고 남이 없고 수명이 없으며 자성이 공하고 짓는 자가 없고 받는 자가 없음을 알면, 곧 공해탈문이 앞에 나타남을 얻는다.

모든 항목이 다 자성이 멸하여 필경에 해탈하고 조금의 법도 서로 생겨남이 없음을 관찰하면, 즉시에 무상해탈문이 앞에 나타남을 얻는다.

이와 같이 공과 무상에 들어가서는 원하여 구함이 없으나 오직 대비를 으뜸으로 삼아 중생을 교화하는 것을 제외하면, 즉시에 무원해탈문이 앞에 나타남을 얻는다.

보살이 이와 같이 세 해탈문을 닦아서 남과 '나'라는 생각을 여의고, 짓는 자와 받는 자라는 생각을 여의고, 있음과 없음이라는 생각을 여읜다.

불자여, 이 보살마하살은 대비가 더욱 증대하여 부지런히 닦아 익히니, 아직 원만하지 않은 보리 부문의 법을 원만케 하는 까닭이다.

이 생각을 하기를 '일체 유위법이

화합하면 생겨나고 화합하지 않으면 생겨나지 않으며, 연이 모이면 생겨나고 연이 모이지 않으면 생겨나지 않는다.

나는 이와 같이 유위법에 여러 허물이 많은 줄 알아서 마땅히 이 화합의 인연을 끊어야 하지만, 그러나 중생을 성취하기 위한 까닭으로 또한 끝까지 여러 행을 멸하지 않으리라.'고 한다.

불자여, 보살이 이와 같이 유위법에 여러 허물이 많되 자성이 없어서

나지도 않고 멸하지도 않음을 관찰하여 항상 대비를 일으켜 중생을 버리지 아니하여 곧 반야바라밀이 앞에 나타남을 얻으니 이름하여 장애가 없는 지혜의 광명이라고 한다.

이와 같은 지혜의 광명을 성취하고는 비록 보리 부문의 인연을 닦아 익히나 유위법 가운데 머무르지 아니하며, 비록 유위법의 자성이 적멸함을 관찰하나 또한 적멸 가운데 머무르지 아니하니, 보리 부문의 법이 아직 원만하지 않은 까닭이다.

불자여, 보살이 이 현전지에 머물러서 공한 삼매와 자성이 공한 삼매와, 제일의의 공한 삼매와, 제일의 공한 삼매와, 큰 공한 삼매와 화합이 공한 삼매와, 일어남이 공한 삼매와, 여실하게 분별하지 않음이 공한 삼매와, 버리고 여의지 않음이 공한 삼매와, 여읨과 여의지 않음이 공한 삼매에 들어가게 된다.

이 보살이 이와 같은 열 가지 공한 삼매문을 으뜸으로 삼아 백천 가지 공한 삼매가 모두 다 현전하게 된다.

이와 같이 열 가지 무상과 열 가지 무원 삼매문을 으뜸으로 삼아 백천 가지 무상과 무원 삼매문이 모두 다 현전한다.

불자여, 보살이 이 현전지에 머무름에 다시 또 파괴하지 못하는 마음과, 결정한 마음과, 순수하게 선한 마음과, 매우 깊은 마음과, 퇴전하지 않는 마음과, 쉬지 않는 마음과, 광대한 마음과, 가없는 마음과, 지혜를 구하는 마음과, 방편 지혜와 상응하

는 마음을 닦아 익혀 만족해서 모두
다 원만하다.

불자여, 보살이 이 마음으로 부처
님의 보리를 따라서 다른 주장을 두
려워하지 않으며, 모든 지혜의 지위
에 들어가 이승의 길을 여의고 부처
님 지혜에 나아간다.

모든 번뇌의 마군이 능히 저해하여
무너뜨리지 못하며, 보살의 지혜 광
명에 머무르며, 공과 무상과 무원의
법 가운데서 모두 잘 닦아 익히며,

방편 지혜와 항상 함께 상응하고, 보리 부문의 법을 항상 행하고 버리지 아니한다.

불자여, 보살이 이 현전지에 머물러서 반야바라밀행이 증장함을 얻고 제3의 밝고 예리한 수순인을 얻으니, 모든 법의 여실한 모양에 수순하여 어김이 없기 때문이다.

불자여, 보살이 이 현전지에 머무르고는 서원의 힘으로 많은 부처님을 친견하게 되니, 이른바 많은 백 부처님을 친견하며, 내지 많은 백천억 나유타 부처님을 친견한다.

모두 광대한 마음과 깊은 마음으로 공양올리고 공경하고 존중하고 찬탄하며, 의복과 음식과 와구와 탕약과 일체 살림을 모두 받들어 보시한다.

또한 일체 대중 스님들에게 공양하며, 이 선근으로 아뇩다라삼먁삼보리에 회향하며, 모든 부처님 처소에서 공경히 법을 들으며, 듣고는 받아 지니어 여실한 삼매의 지혜 광명을 얻어서, 수순하여 수행하고 기억해

지니어 버리지 아니한다.

또 모든 부처님의 매우 깊은 법장을 얻어서 백 겁을 지나며 천 겁과 내지 한량없는 백천억 나유타 겁을 지나 있는 바 선근이 점점 더 밝고 깨끗해진다.

비유하면 진금을 비유리 보배로써 자주 자주 갈고 닦으면 더욱더 밝고 깨끗해지는 것과 같이, 이 지위의 보살에게 있는 바 선근도 또한 다시 이와 같아서 방편과 지혜로써 따르고 관찰하면 더욱더 밝고 깨끗해지며 더욱더 적멸하여서 가려버릴 수 없다.

비유하면 달빛이 중생의 몸을 비추어 청량하게 하여 네 가지 풍륜으로 무너뜨릴 수 없는 것과 같이, 이 지위의 보살에게 있는 바 선근도 또한 다시 이와 같아서 한량없는 백천억 나유타 중생들의 번뇌의 치성한 불을 능히 소멸하여 네 종류 마군의 도로 무너뜨릴 수 없는 바이다.

이 보살이 십바라밀 중에 반야바라밀이 치우쳐 많다. 다른 것을 닦지 않는 것은 아니나 다만 힘을 따르고 분한을 따를 뿐이다.

불자여, 이것이 보살마하살의 제6 현전지를 간략히 설한 것이다.

보살이 이 지위에 머무름에 많이 선화천왕이 되어 짓는 것이 자재하며, 일체 성문의 있는 바 질문으로 굴복시킬 수 없으며, 중생들로 하여금 아만을 없애고 연기에 깊이 들어가게 하며 보시하고 사랑스러운 말을 하고 이익하게 하는 행을 하고 일을 같이 한다.

이와 같은 일체 모든 짓는 바 업이 모두 부처님을 생각함을 여의지 아니하며, 내지 일체종과 일체지의 지혜 구족하기를 생각함을 여의지 아니한다.

다시 이 생각을 하기를 '내가 마땅히 일체 중생 가운데서 상수가 되고 수승한 이가 되고 내지 일체지의 지혜에 의지하는 자가 될 것이다.'라고 한다.

이 보살이 만약 부지런히 정진을

행하면 한 생각 사이에 백천억 삼매를 얻고, 내지 백천억 보살을 나타내 보여 권속으로 삼는다.

만약 원력으로 자재하게 나타내 보이면 이 수를 넘어서니, 내지 백천억 나유타 겁에도 능히 세어서 알 수 없다."

이때에 금강장 보살이 그 뜻을 거듭 펴려고 게송을 설하여 말씀하였다.

보살이 제5지를
원만히 하고
법이 모양 없고
또한 성품 없으며
생겨남 없고 이루어짐 없고
본래 청정하며
희론 없고 취하고
버림 없음을 관하도다.

체성과 형상이 적멸하여
환 등과 같고
있음과 없음이 둘이 아니고

분별을 여의며

법성을 수순해서

이와 같이 관하여

이 지혜로 제6지에

들어가게 되도다.

밝고 예리한 수순인과

지혜를 구족하여

세간의 생멸하는 모양을

관찰하니

어리석음의 어두운 힘으로

세간이 생겨

어리석음의 어두움을 없애면
세간은 없도다.

모든 인연 진실한 이치에서
공함을 관찰하며
거짓 이름 깨뜨리지 않고
화합하여 사용하니
지음도 없고 받음도 없고
생각도 없으나
모든 행이 구름처럼
두루 일어나도다.

참 진리를 알지 못함을
무명이라 이름하고
지은 바 생각과 업은
어리석음의 과보이며
식이 일어나 함께 생겨난 것이
이름과 물질이니
이와 같이 내지
온갖 고통의 무더기로다.

삼계가 마음에 의지하여
있음을 요달하니
십이인연 또한

그러함이라
생사 모두 마음으로
짓는 것이니
마음이 만약 멸하면
생사도 다하도다.

무명이 짓는 것이
두 가지 있으니
반연 중에 요달하지 못하고
행의 원인이 되어
이와 같이 내지
늙고 끝내 죽어서

이로부터 고통이 생겨나
다함이 없도다.

무명이 연이 되어
끊지 못하나
그 연이 만약 다하면
모두 다 없어짐이라
어리석음과 갈애와 취착이
번뇌의 항목이고
행과 존재는 업이고
나머지는 모두 고통이로다.

어리석음에서 여섯 기관까지는

행고이고

감촉과 느낌의 증장이

고고이며

나머지 항목은

괴고이니

만약 무아임을 본다면

세 고통이 멸하도다.

무명과 행은

과거가 되고

식에서 느낌까지는

현재에 유전하며

갈애와 취착과 존재는

미래의 고통을 내니

관하여 상대함이 만약 끊어지면

끝이 다하도다.

무명이 연이 되어

속박이 생기니

연을 여의면 속박이

이에 다하며

인에서 과가 생기므로

여의면 곧 끊어지니

이를 관찰하여
성품이 공함을 알도다.

무명에 수순하면
모든 항목이 일어나고
만약 수순하지 않으면
모든 항목이 끊어지며
이 항목과 저 항목의 없음도
또한 그러하니
열 가지 사유로
마음이 집착을 여의도다.

항목이 서로 이어짐과
한 마음에 포섭됨과
자신의 업과 여의지 않음과
그리고 세 길과
세 때와 세 고통과
인연으로 생겨남과
속박이 일어나고 멸함과 없음과
다함에 수순함이로다.

이와 같이 연기의 행을
널리 관찰하니
지음도 없고 받음도 없고

진실도 없음이

환과 같고 꿈과 같고

그림자와 같고

또한 어리석은 범부가

아지랑이를 좇는 것과 같도다.

이와 같이 관찰하여

공에 들어가고

인연의 성품 여읨을 알아

무상을 얻으며

그 허망함을 요달하여

원하는 바가 없되

오직 자비로
중생을 위함은 제외하도다.

큰보살이
해탈문을 수행하여
대비심을 더욱 더하여
불법을 구하며
모든 유위가 화합하여
지어짐을 알아서
즐거워함이 결정하여
부지런히 도를 행하도다.

공 삼매문을

백천 갖추고

무상과 무원 또한

다시 그러하며

반야와 수순인이

모두 늘어나

해탈과 지혜가

만족해지도다.

다시 깊은 마음으로

부처님께 많이 공양올리고

부처님 가르침에서

도를 닦아 익히어
부처님 법장을 얻어
선근을 늘리니
금을 유리로 갈고
다듬는 것과 같도다.

달이 청량하게
온갖 사물을 덮어
네 가지 바람이 와 닿아도
깨뜨릴 수 없듯이
이 지위의 보살은
마군의 도를 초월하여

또한 중생들의 번뇌의 열기를

쉬게 하도다.

이 지위에서 많이

선화왕이 되어서

중생을 교화하고 이끌어

아만을 없애고

짓는 것이

모두 일체지를 구함이라

다 이미 성문의 길을

뛰어넘어 수승하도다.

이 지위의 보살이
부지런히 정진하여
백천억 모든
삼매를 얻으며
또한 약간 한량없는
부처님을 친견하니
마치 한여름 공중의
해와 같도다.

매우 깊고 미묘하여
보고 알기 어려워
성문과 독각은

요달할 수 없으니

이와 같은

보살의 제6지를

내가 불자를 위하여

설하여 마쳤도다.

제7지

이때에 하늘 대중들의

마음이 환희하여

보배를 흩어서 구름을 이루어

공중에 머무르며

갖가지 미묘한 음성을

두루 내어서

가장 수승하고

청정한 자에게 알렸다.

"수승한 이치를 요달하여

지혜가 자재하고

백천억 공덕을

성취하고

사람 중의 연꽃으로

집착이 없어

중생을 이롭게 하기 위해

깊은 행을 연설하도다."

자재천왕은

허공에 있으면서

큰 광명을 놓아

부처님의 몸을 비추고
또한 최상의 미묘한
향기구름을 흩어서
근심 번뇌 없앤 자에게
널리 공양하였다.

이때에 하늘 대중이
모두 환희하여
다 아름다운 음성을 내어
함께 찬탄하였다.
"우리들이
이 지위의 공덕을 듣고

크고 훌륭한 이익을
얻었습니다."

천녀들도
그때에 마음이 기뻐서
천만 가지
음악을 연주하니
모두 여래의
위신력인 까닭으로
음악 중에 이런 말을
함께 지었다.

"위의가 적정하여 최고여서
비길 데 없고
조복하기 어려운 이를
능히 조복하여 세상 공양받을 이
일체 모든 세간을
이미 초월했으나
세상에 다니며
미묘한 도를 밝히도다.

비록 갖가지
한량없는 몸을 나타내지만
몸 하나하나가 있는 바

없음을 알고
교묘하게 말로써
모든 법을 연설하되
문자와 음성의 모양에
취착하지 않도다.

백천 여러 국토에
나아가
여러 좋은 공양을
부처님께 공양올리되
지혜가 자재하고
집착하는 바가 없어

내 부처님과 국토라는
생각을 내지 않도다.

비록 모든 중생들을
부지런히 교화하여도
남이니 '나'니 하는
일체 마음이 없으며
비록 광대한 선을
이미 닦아 이루었으나
선한 법에
집착을 내지 않도다.

일체 모든

세간을 보니

탐욕과 성냄과 어리석음의 불이

항상 치성하거늘

모든 생각을

모두 다 여의고

대비로 정진하는 힘을

일으키도다."

일체 모든

천인들과 천녀들이

갖가지로 공양하며

칭찬하고는
다 함께 동시에
묵묵히 머물면서
존귀한 분 우러르며
법문 듣기를 원하였다.

이때에 해탈월 보살이
다시 청하여 말하였다.
"이 모든 대중들의
마음이 청정하니
제7지의
모든 행상을

오직 바라오니,
불자시여 말씀하소서."

그때에 금강장 보살이 해탈월 보살
에게 말씀하였다.
"불자여, 보살마하살이 제6지의
수행을 구족하고 나서 제7 원행지에
들어가려면 마땅히 열 가지 방편 지
혜를 닦아서 수승한 도를 일으켜야
한다.
무엇이 열인가?

이른바 비록 공·무상·무원 삼매를 잘 닦았지만, 자비로 중생을 버리지 아니한다. 비록 모든 부처님의 평등한 법을 얻었지만, 항상 부처님께 공양올리기를 즐겨한다.

비록 공함을 관찰하는 지혜의 문에 들었지만, 복덕을 부지런히 모은다. 비록 삼계를 멀리 떠났지만, 삼계를 장엄한다.

비록 모든 번뇌의 불꽃을 끝까지 없앴지만, 능히 일체 중생을 위하여 소멸한 탐욕과 성냄과 어리석음의 번뇌의 불꽃을 일으킨다.

비록 모든 법이 환 같고 꿈 같고 그림자 같고 메아리 같고 불꽃 같고 화현 같고 물속의 달 같고 거울 속의 영상 같아서 자성이 둘이 없음을 알지만, 마음을 따라 한량없이 차별하게 업을 짓는다.

비록 일체 국토가 마치 허공과 같음을 알지만, 능히 청정하고 미묘한 행으로 부처님의 국토를 장엄한다. 비록 모든 부처님의 법신은 본 성품이 몸이 없음을 알지만, 상호로 그

몸을 장엄한다.

비록 모든 부처님의 음성은 성품이 공하고 적멸하여 말할 수 없음을 알지만, 능히 일체 중생을 따라서 갖가지 차별하고 청정한 음성을 낸다.

비록 모든 부처님을 따라서 삼세가 오직 한 생각임을 알지만, 중생들의 뜻으로 이해하고 분별함을 따라서 갖가지 모양과 갖가지 때와 갖가지 겁의 수효로써 모든 행을 닦는다.

보살이 이와 같은 열 가지 방편 지혜로 수승한 행을 일으켜서 제6지로부터 제7지에 들어간다. 들어가서는 이 행이 항상 앞에 나타남을 이름하여 제7 원행지에 머무른다고 한다.

불자여, 보살마하살이 이 제7지에 머무르고는 한량없는 중생계에 들어가며, 한량없는 모든 부처님의 중생을 교화하시는 업에 들어가며, 한량없는 세계 그물에 들어가며, 한량없는 모든 부처님의 청정한 국토에 들어가며, 한량없는 갖가지 차별한 법에 들어간다.

한량없는 모든 부처님의 깨달음을 나타내시는 지혜에 들어가며, 한량없는 겁의 수효에 들어가며, 한량없는 모든 부처님의 삼세를 깨달으시는 지혜에 들어가며, 한량없는 중생들의 차별한 믿음과 이해에 들어가며, 한량없는 모든 부처님의 갖가지 이름을 나타내 보이시는 색신에 들어간다.

한량없는 중생들의 욕락과 모든 근기의 차별에 들어가며, 한량없는 모든 부처님의 말씀과 음성으로 중생을 환희케 하시는 데 들어가며, 한량없는 중생들의 갖가지 심행에 들어가며, 한량없는 모든 부처님의 분명하게 아시는 광대한 지혜에 들어가며, 한량없는 성문승의 믿음과 이해에 들어간다.

한량없는 모든 부처님의 지혜의 도를 설하여 믿고 이해하게 하시는 데 들어가며, 한량없는 벽지불의 성취한 바에 들어가며, 한량없는 모든 부처님의 매우 깊은 지혜문을 설하여 나아가게 하시는 데 들어가며, 한량 없는 모든 보살들의 방편행에 들어가며, 한량없는 모든 부처님의 설하신 대승을 집대성하시는 일에 들어가서 보살로 하여금 들어가게 한다.

이 보살이 이 생각을 하기를 '이와 같은 한량없는 여래의 경계는 내지 백천억 나유타 겁에도 알 수 없으니, 내가 모두 마땅히 공용이 없고 분별이 없는 마음으로 원만하게 성취하리라.'라고 한다.

불자여, 이 보살이 깊은 지혜로 이

와 같이 관찰하되, 항상 부지런히 방편 지혜를 닦고, 수승한 도를 일으켜 편안히 머물러 흔들리지 않고, 한 생각도 쉬거나 폐하여 버림이 없다. 가고 서고 앉고 눕거나 내지 꿈에서라도 일찍이 잠시도 번뇌의 장애와 더불어 서로 응하지 않고, 항상 이와 같은 생각을 버리지 않는다.

이 보살은 생각생각에 항상 능히 십바라밀을 구족한다. 무슨 까닭인가? 생각생각에 다 대비로 으뜸을 삼아 부처님 법을 수행하여 부처님의 지혜에 향하는 까닭이다.

있는 바 선근을 부처님의 지혜를 구하기 위하여 중생들에게 베푸는 것이 단나바라밀이고, 일체 모든 번뇌의 열을 능히 없애는 것이 시라바라밀이다.

자비로 으뜸을 삼아 중생을 해롭게 하지 않는 것이 찬제바라밀이고, 수승하고 선한 법을 구하되 만족해 싫어함이 없는 것이 비리야바라밀이다.

일체지의 길이 항상 앞에 나타나
서 일찍이 산란하지 않는 것이 선나
바라밀이고, 모든 법이 생겨남도 없
고 멸함도 없음을 능히 아는 것이 반
야바라밀이다.

한량없는 지혜를 능히 내는 것이
방편바라밀이고, 높고 높은 수승한
지혜를 능히 구하는 것이 원바라밀이
다.

일체 다른 주장과 모든 마군의 무
리가 능히 막아 파괴할 수 없는 것이
역바라밀이고, 일체 법을 사실대로

밝게 아는 것이 지바라밀이다.

불자여, 이 십바라밀을 보살이 생각생각에 모두 구족한다.

이와 같이 사섭법과 사총지와 삼십칠품과 삼해탈문과 간략히 설하여 내지 일체 보리 부문의 법을 생각생각에 모두 다 원만히 한다."

이때에 해탈월 보살이 금강장 보살에게 물었다.

"불자여, 보살이 다만 이 제7지에

서 일체 보리 부문의 법을 만족합니까? 모든 지위에서도 또한 능히 만족합니까?"

금강장 보살이 말씀하였다.

"불자여, 보살이 십지 중에서 모두 능히 보리 부문의 법을 만족하지만, 그러나 제7지에서 가장 수승하다.

무슨 까닭인가?

이 제7지의 공용의 행이 원만하여야 지혜가 자재한 행에 들어가게 되는 까닭이다.

불자여, 보살이 초지에서는 일체

부처님 법을 반연하여 원하고 구하는 까닭으로 보리 부문의 법을 만족한다.

제2지에서는 마음의 때를 여의는 까닭이며, 제3지에서는 원이 더욱 증장하여 법의 광명을 얻는 까닭이며, 제4지에서는 도에 들어가는 까닭이며, 제5지에서는 세간에 수순하여 짓는 바인 까닭이며, 제6지에서는 매우 깊은 법문에 들어가는 까닭이며, 제7지에서는 일체 부처님 법을 일으키는 까닭으로 모두 또한 보리 부문의 법을 만족한다.

무슨 까닭인가?

보살이 초지로부터 이에 제7지에 이르러야 지혜 공용의 부문을 성취하니, 이 힘으로써 제8지로부터 내지 제10지에서 공용 없는 행을 모두 다 성취한다.

불자여, 비유하면 두 세계가 있는데 한 곳은 잡되고 물들었고 한 곳은 순전히 청정하니 이 두 세계 중간을 지나가기 어려우나, 오직 보살의 큰 방편과 신통과 서원의 힘이 있는 이는 제외하는 것과 같다.

불자여, 보살의 모든 지위도 또한
다시 이와 같아서 잡되고 물든 행이
있고 청정한 행이 있으니 이 둘의 중
간을 지나가기 어려우나, 오직 보살
의 큰 서원의 힘과 방편 지혜가 있어
서 이에 능히 지나갈 수 있는 이는
제외한다."

해탈월 보살이 말씀하였다. "불자
여, 이 제7지 보살이 물든 행입니까,

청정한 행입니까?"

금강장 보살이 말씀하였다.

"불자여, 초지로부터 제7지에 이르기까지 행하는 바 모든 행이 다 번뇌의 업을 버리고 여의었다. 위없는 보리에 회향한 까닭이며, 평등한 도를 일부 얻었기 때문이다. 그러나 번뇌를 뛰어넘은 행이라고는 이름하지 않는다.

불자여, 비유하면 전륜성왕이 하늘의 코끼리 보배를 타고 사천하를 다님에 빈궁하고 곤란한 사람이 있는 줄 알면서도 그 온갖 근심에 물들지 않는다. 그러나 인간의 지위를 뛰어넘었다고는 이름하지 않는 것과 같다.

만약 왕의 몸을 버리고 범천의 세계에 태어나서 하늘 궁전을 타고 일천 세계를 보고 일천 세계를 다니며 범천의 광명과 위덕을 나타내 보이면 이에 인간의 지위를 뛰어넘었다고 이름한다.

불자여, 보살도 또한 다시 이와 같아서 처음 초지로부터 제7지에 이르기까지 바라밀 수레를 타고 세간에 유행함에 모든 세간의 번뇌와 근심 걱정을 알면서도 바른 길에 올라 탄 까닭으로 번뇌의 허물에 물들지는 않지만, 그러나 번뇌를 뛰어넘은 행이라고는 이름하지 않는다.

만약 일체 공용이 있는 행을 버리고 제7지로부터 제8지에 들어가서 보살의 청정한 수레를 타고 세간에 유행함에 번뇌의 허물을 알아서 물들지 않으면 이에 번뇌를 뛰어넘은 행이라고 이름하니 일체 모든 뛰어넘음을 얻은 까닭이다.

불자여, 이 제7지 보살이 많은 탐욕 등 모든 번뇌들을 다 뛰어넘어 이 지위에 머무르면 번뇌가 있는 자리고도 이름하지 않으며 번뇌가 없는 자라고도 이름하지 않는다.

무슨 까닭인가? 일체 번뇌가 현행하지 않는 까닭으로 있는 자라고 이름하지 않고, 여래의 지혜를 구하는 마음이 아직 만족하지 않는 까닭으로 없는 자라고도 이름하지 않는다.

불자여, 보살이 이 제7지에 머물러
서 깊고 깨끗한 마음으로 몸의 업을
성취하고, 말의 업을 성취하고, 뜻의
업을 성취하여 일체 선하지 못한 업
의 길로서 여래께서 꾸짖으신 것은
모두 여의었고, 일체 선한 업으로서
여래께서 칭찬하신 것은 항상 잘 닦
아 수행하며, 세간에 있는 경전이나
기술을 제5지에서 설한 것처럼 모두
자연스럽게 행하고 공용을 빌리지
않는다.

이 보살이 삼천대천세계에서 크고

밝은 스승이 되니, 오직 여래와 제8지 이상을 제외하고 그 나머지 보살은 깊은 마음과 미묘한 행이 더불어 같을 이가 없다.

모든 선정 삼매와 삼마발저와 신통과 해탈이 모두 앞에 나타나지만 그러나 이것은 닦아서 이루어진 것이고, 제8지와 같은 과보로 성취한 것이 아니다.

이 지위의 보살이 생각생각마다 방편 지혜의 힘과 일체 보리 부문의 법을 구족하게 닦아 모아 더욱 수승하고 원만하게 된다.

불자여, 보살이 이 지위에 머무름
에 보살의 잘 관찰하여 택하는 삼매
와, 이치를 잘 택하는 삼매와, 가장
수승한 지혜의 삼매와, 이치의 창고
를 분별하는 삼매와, 사실대로 뜻을
분별하는 삼매와, 견고한 뿌리에 잘
머무르는 삼매와, 지혜 신통 부문의
삼매와, 법계의 업의 삼매와, 여래의
수승한 이익의 삼매와, 갖가지 뜻을

갈무리한 생사와 열반 부문의 삼매에 들어간다.

이와 같은 등의 큰 지혜와 신통의 문을 구족한 백만 삼매에 들어가서 이 지위를 깨끗하게 다스린다.

이 보살이 이 삼매를 얻고는 방편 지혜를 잘 다스려 깨끗하게 하는 까닭이며 대비의 힘인 까닭으로 이승의 지위를 뛰어넘어 지혜의 지위를 관찰하게 된다.

불자여, 보살이 이 지위에 머물러

서는 한량 없는 신업의 모양 없는 행을 잘 깨끗하게 하며, 한량없는 어업의 모양 없는 행을 깨끗하게 하며, 한량없는 의업의 모양 없는 행을 깨끗하게 하는 까닭으로 무생법인의 광명을 얻는다."

해탈월 보살이 말씀하였다.

"불자여, 보살이 초지로부터 지니는 한량없는 몸과 말과 뜻의 업이 어찌 이승을 뛰어넘지 못합니까?"

금강장 보살이 말씀하였다.

"불자여, 그들이 모두 뛰어넘지만 그러나 다만 원으로써 모든 부처님 법을 구하는 까닭으로 자신의 지혜로 관찰하는 힘이 아니다.

지금 제7지는 자신의 지혜의 힘인 까닭으로 일체 이승이 능히 미치지 못하는 바이다.

비유하면 왕자가 왕가에 태어남에 왕후가 낳은 바이고 왕의 상을 구족하여 태어나서 곧 일체 신하 무리보다 뛰어나지만 다만 왕의 힘으로써 이고 자신의 힘이 아니거니와, 만약 몸이 자라고 기예가 모두 이루어지면 이에 자신의 힘으로 일체를 뛰어넘는 것과 같다.

보살마하살도 또한 다시 이와 같아서 초발심 시에는 뜻으로써 대법을 구하는 까닭으로 일체 성문과 독각을 뛰어넘지만, 지금 이 지위에 머물러서는 자신이 행하는 지혜의 힘인 까닭으로 일체 이승의 위를 뛰어넘는다.

불자여, 보살이 이 제7지에 머무름에 매우 깊고 멀리 여의며 행함이 없이 항상 행하는 몸과 말과 뜻의 업을 얻어서 높은 도를 부지런히 구하여 버리지 않는다. 그러므로 보살이 비록 실제를 행하지만 증득하지는 않는다."

해탈월 보살이 말씀하였다.
"불자여, 보살이 어느 지위에서부터 멸진정에 들어갈 수 있습니까?"
금강장 보살이 말씀하였다.
"불자여, 보살이 제6지에서부터 멸진정에 들어갈 수 있거니와, 지금

이 지위에 머물러서는 생각생각에 들어가고 또한 생각생각에 일어날 수 있지만 증득하지는 않는다.

그러므로 이 보살을 이름하여 불가사의한 몸과 말과 뜻의 업을 성취하여 실제를 행하지만 증득하지 않는다고 한다.

비유하면 어떤 사람이 배를 타고 바다에 들어감에 좋은 방편의 힘으로써 물의 재난을 만나지 않는 것과 같이, 이 지위의 보살도 또한 다시 이와 같아서 바라밀의 배를 타고 실제의 바다에 가되 서원의 힘인 까닭으로 적멸을 증득하지 않는다.

불자여, 이 보살이 이와 같은 삼매 지혜의 힘을 얻어서 큰 방편으로 비록 생사를 나타내 보이지만 항상 열반에 머무르며, 비록 권속이 둘러싸 있지만 항상 멀리 여읨을 즐겨한다.

비록 서원의 힘으로써 삼계에 태어나지만 세간법에 물드는 바가 되지 않으며, 비록 항상 적멸하지만 방편의 힘으로써 도리어 치성하며, 비록 치성하지만 불타지는 않으며, 비록 부처님 지혜를 수순하지만 성문과 벽지불의 지위에 들어감을 보인다.

비록 부처님 경계의 창고를 얻었지만 마군의 경계에 머무름을 보이며, 비록 마군의 길을 초월했지만 마군의 법을 행함을 나타내며, 비록 외도의 행과 같이함을 보이지만 부처님 법을 버리지 않는다.

비록 일체 세간을 수순함을 보이지만 항상 일체 출세간법을 행하며, 있는 바 일체 장엄의 일이 일체 천인과

용과 야차와 건달바와 아수라와 가루라와 긴나라와 마후라가와 사람과 사람 아닌 이와 제석과 범천왕과 사천왕 등에게 있는 것을 뛰어넘지만 법을 즐기는 마음을 버려 여의지 않는다.

불자여, 보살이 이와 같은 지혜를 성취하여 원행지에 머물러서 원력으로 많은 부처님을 친견하게 된다. 이른바 많은 백 부처님을 친견하며, 내

지 많은 백천억 나유타 부처님을 친

견한다.

　그 부처님 처소에서 광대한 마음과

더욱 수승한 마음으로 공양올리고

공경하며 존중하고 찬탄한다. 의복

과 음식과 와구와 의약과 일체 살림

을 모두 받들어 보시한다.

　또한 일체 대중 스님들에게 공양하

며, 이 선근으로 아뇩다라삼먁삼보

리에 회향한다.

　다시 부처님 처소에서 공경히 법을

들으며, 듣고는 받아 지니어 여실한

삼매 지혜의 광명을 얻어 수순하여 수행한다.

모든 부처님 처소에서 바른 법을 보호해 지녀서 항상 여래께서 칭찬하고 기뻐하시는 바가 되며, 일체 이승의 있는 바 질문으로 굴복시킬 수 없으며, 중생들을 이익하게 하여 법인이 청정하다.

이와 같이 한량없는 백천억 나유타 겁을 지나도록 있는 바 선근이 점점 더 수승해진다.

비유하면 진금을 온갖 묘한 보배로

써 사이사이 장엄하면 점점 더 수승해지고 광명이 배가되어 다른 장엄거리가 미칠 수 없는 것과 같다.

보살이 이 제7지에 머물러 있는 바 선근도 또한 다시 이와 같아서 방편 지혜의 힘으로 점점 더 밝고 깨끗해지니 이승이 능히 미칠 바가 아니다.

불자여, 비유하면 햇빛은 별과 달 등의 빛이 미칠 수 없으니 염부제의 땅에 있는 바 진흙탕을 모두 능히 말려버리는 것과 같다.

이 원행지의 보살도 또한 다시 이

와 같아서, 일체 이승이 미칠 수 없어서 일체 중생의 모든 번뇌의 진흙탕을 다 능히 말려버린다.

이 보살이 십바라밀 중에는 방편바라밀이 치우쳐 많다. 다른 것을 행하지 않는 것은 아니나 다만 힘을 따르고 분한을 따를 뿐이다.

불자여, 이것이 보살마하살의 제7 원행지를 간략히 설한 것이다.

보살이 이 지위에 머무름에 많이 자재천왕이 되어 잘 중생들을 위하여 증득한 지혜의 법을 설하여 그들이 깨달아 들어가게 하며, 보시하고 사랑스러운 말을 하고 이익하게 하는 행을 하고 일을 같이 한다.

이와 같은 일체 모든 짓는 바 업이 모두 부처님을 생각함을 여의지 아니하며, 내지 일체종과 일체지의 지혜 구족하기를 생각함을 여의지 아니한다.

다시 이 생각을 하기를 '내가 마땅히 일체 중생 가운데서 상수가 되고, 수승한 이가 되고, 내지 일체지의 지혜에 의지하는 자가 될 것이다.'라고 한다.

이 보살이 만약 부지런히 정진을 하면 한 생각 사이에 백천억 나유타 삼매를 얻으며 내지 백천억 나유타 보살을 나타내 보이고 권속으로 삼는다.

만약 보살의 수승한 원력으로 자재하게 나타내 보이면 이 수를 넘어서니, 내지 백천억 나유타 겁에도 세어서 알 수 없다."

이때에 금강장 보살이 이 뜻을 거
듭 펴려고 게송을 설하여 말씀하였다.

제일의의 지혜와

삼매의 길을

제6지에서 수행하여

마음이 만족하니

즉시에 방편 지혜를

성취하여

보살이 이로써

제7지에 들어가도다.

비록 삼해탈을 밝혀도

자비를 일으키며

비록 여래와 같아도

부지런히 부처님께 공양올리며

비록 공을 관해도

복덕을 모아서

보살이 이로써

제7지에 올라가도다.

삼계를 멀리 여의고도

장엄하며

번뇌의 불을 없애고도

불꽃을 일으키며
법에 둘이 없음을 알고도
업을 지으며
국토가 다 공함을 알고도
국토를 즐겨 장엄하도다.

몸이 움직이지 않음을 알고도
모든 상호 갖추며
소리가 자성 여읨을 요달하고도
잘 연설하며
한 생각에 들어가고도
일은 각각 달리하니

지혜로운 이는
이로써 제7지에 올라가도다.

이 법을 관찰하여
분명히 알고
널리 미혹한 중생들을 위하여
이익을 일으키며
중생계에 들어감이
가없으며
부처님의 교화하시는 업
또한 한량없도다.

국토의 모든 법과
더불어 겁의 수효와
이해와 욕망과 심행에
다 능히 들어가며
삼승법을 설하는 것
또한 한없으니
이와 같이 모든 중생들을
교화하도다.

보살이 가장 수승한 도를
부지런히 구하되
움직이거나 쉬거나

방편 지혜 버리지 않고
낱낱이 부처님의
보리로 회향하며
생각생각에 바라밀을
성취하도다.

발심하여 회향함이
보시이고
번뇌를 끊음이 계가 되고
해치지 않음이 인욕이며
선을 구해 싫어하지 않음이
정진이며

도에 흔들리지 않음이
곧 선정을 닦음이로다.

지혜로 무생을 느끼는 것이
반야이며
회향은 방편이고
바라고 구함은 원이며
능히 꺾지 못함은 힘이며
잘 요달함은 지혜이니
이와 같이 일체를
모두 만족하도다.

초지에는 반연으로
공덕이 원만하고
제2지에는 때를 여의고
제3지에는 다툼을 쉬고
제4지에는 도에 들고
제5지에는 수순하여 행하고
제6지에는 생겨남 없음의
지혜 광명을 비추며

제7지에서 보리의 공덕에
머무름이 원만하여
갖가지 큰 원을

모두 구족하니

이로써

능히 제8지에서

일체 짓는 바가

다 청정케 하도다.

이 지위는 지나가기 어렵지만

지혜로 초월하니

비유하면

세계 둘의 중간과 같으며,

또한 전륜성왕이 물들어

집착함이 없으나

그러나 모두 뛰어넘었다고
하지 않음과 같도다.

만약 제8지의
지혜의 지위에 머무르면
이에 마음 경계를
넘는 것이
범천이 세간을 관하고
인간 지위를 뛰어넘음과 같고
연꽃이 물에 있으면서
물들지 않음과 같도다.

이 지위에서 비록
모든 번뇌를 뛰어넘었으나
번뇌 있다거나 번뇌 없지 않다고도
이름하지 않으니
번뇌가 없으면서
그중에서 행하되
부처님 지혜 구하는 마음이
만족하지 않도다.

세간에 있는
온갖 기예와
경서의 글과 논을

널리 분명히 알며

선정과 삼매와

그리고 신통을

이와 같이 수행하여

모두 성취하도다.

보살이 제7지의 도를

닦아 이룸에

일체의 이승행을

뛰어넘으니

초지는 서원인 까닭이며

여기는 지혜를 말미암음이니

비유하면 왕자의 힘이
구족함과 같도다.

매우 깊음을 성취하여
도에 나아가며
마음마음이 적멸하나
증득을 취하지는 않으니
비유하면 배를 타고
바다 가운데 들어가
물에 있으면서
물에 빠지지 않는 것과 같도다.

방편 지혜 행하여

공덕을 갖추니

일체 세간이

능히 알지 못하며

많은 부처님께 공양올리고

마음 더욱 밝으니

미묘한 보배로써

진금을 장엄함과 같도다.

이 지위의 보살이

지혜가 가장 밝음이

해가 빛을 펼쳐 애욕의 물을

말리는 것과 같고
또 자재천 가운데
주인이 되어
중생이 바른 지혜 닦도록
이끌어 교화함과 같도다.

만약 용맹하게
정진하는 힘이라면
많은 삼매를 얻고
많은 부처님을 친견하니
백천억 수의
나유타이거니와

원력이 자재하면
다시 이를 넘어서도다.

이것이
보살의 원행지에
방편 지혜가
청정한 도이니
일체 세간의
천신과 인간과
성문과 독각이
능히 알지 못하도다.

〈대방광불화엄경 제37권〉

아차보현수승행
무변승복개회향
보원침익제중생
속왕무량광불찰

시방삼세일체불
제존보살마하살
마하반야바라밀

我此普賢殊勝行

無邊勝福皆迴向

普願沈溺諸眾生

速往無量光佛剎

十方三世一切佛

諸尊菩薩摩訶薩

摩訶般若波羅蜜

大方廣佛華嚴經
부록

•

대방광불화엄경 목차

•

간행사

대방광불화엄경
목차

간 행 사

　귀의삼보 하옵고,

『대방광불화엄경』의 수지 독송과 유통을 발원하면서 수미정사 불전연구원에서 『독송본 한문·한글역 대방광불화엄경』과 『사경본 한글역 대방광불화엄경』을 편찬하여 간행하게 되었습니다.

『화엄경』은 우리나라에 전래된 이래 일찍부터 사경되고 주석·강설되어 왔으며 근현대에 이르러서는 『화엄경』의 한글 번역과 연구도 부쩍 많이 이루어졌습니다. 그만큼 『화엄경』이 우리 불자님들의 신행과 해탈에 큰 의지처가 되었던 것임을 알 수 있습니다.

『화엄경』을 독송하고 사경하는 공덕은 설법 공덕과 함께 크게 강조되어 왔습니다. 그리하여 수미정사 불전연구원에서도 『화엄경』(80권)을 독송하고 사경하는 데 도움이 되도록 한문 원문과 한글역을 함께 수록한 독송본과 한글역의 사경본 『화엄경』 간행불사를 발원하였습니다. 이 『화엄경』 간행불사에 뜻을 같이하여 적극 후원해주신 스님들과 재가 불자님들께 깊이 감사드립니다. 또한 『화엄경』을 수지 독송할 수 있도록 경책의 모습으로 장엄해 주신 편집위원들과 담앤북스 출판사 관계자들께도 고마움을 표합니다.

　끝으로 이 불사의 원만 회향으로 『화엄경』이 널리 유통되고, 온 법계에 부처님의 가피가 충만하시길 기원드립니다.

　나무 대방광불화엄경

불기 2564년 '부처님오신날'을 봉축하며
수미해주 합장

위태천신(동진보살)

수미해주 須彌海住

호거산 운문사에서 성관 스님을 은사로 출가, 석암 대화상을 계사로 사미니계 수계, 월하 전계사를 계사로 비구니계 수계, 계룡산 동학사 전문강원 졸업, 동국대학교 불교대학 및 동 대학원 졸업, 철학박사, 가산지관 대종사에게서 전강, 동국대학교 불교대학 교수, 동학승가대학 학장 및 화엄학림 학림장, 중앙승가대학교 법인이사 역임.
(현) 수미정사 주지, 동국대학교 명예교수.
저·역서로『의상화엄사상사연구』,『화엄의 세계』,『정선 원효』,『정선 화엄 1』,『정선 지눌』,『법계도기 총수록』,『해주스님의 법성게 강설』등 다수.

사경본 한글역
대방광불화엄경 제37권

| 초판 1쇄 발행_ 2023년 9월 24일

| 엮은이_ 수미해주
| 엮은곳_ 수미정사 불전연구원
| 편집위원_ 해주 수정 경진 선초 정천 석도 박보람 최원섭
| 편집보_ 무이 무진 지욱 혜명

| 펴낸이_ 오세룡
| 펴낸곳_ 담앤북스
　　　　　서울특별시 종로구 새문안로3길 23 경희궁의 아침 4단지 805호
　　　　　대표전화 02)765-1251　전자우편 dhamenbooks@naver.com
　　　　　출판등록 제300-2011-115호
| ISBN_ 979-11-6201-407-3　04220